광개토 대왕

광개토 대왕

김종렬 글 탁영호 그림

비룡소

어둠이 채 가시지 않은 이른 새벽, 관복을 차려입은 고구려의 대신들이 하나둘 궁으로 모였어요.

"폐하께서 무슨 일로 모이라 하셨을까요?"

"수십 년 동안 한 번도 꺾지 못한 백제에 큰 승리를 거두었으니, 그간 공을 세운 대신들에게 상이라도 내리시려는 게 아니겠소."

대신들은 흥겹게 이야기를 나누며 궁으로 향했어요.

이십여 년 만에 백제에 빼앗겼던 땅을 되찾은 고구려는 온 나라가 기쁨으로 넘쳤어요. 고구려군이 북쪽의 거란족마저 쳐부수고, 포로로 잡혀갔던 백성들을 데리고 돌아오자 성안에 춤과 노래가 그치지 않았지요.

하지만 기대에 부풀어 궁으로 들어선 대신들은 깜짝 놀라고 말았어요. 환하게 불을 밝힌 궁 안에 광개토 대왕이 앉아 있었어요. 갑옷과 투구를 갖춰 입고 큰 칼을 움켜쥔 광개토 대왕의 모습은 마치 전쟁터에 나선 장수처럼 엄숙했어요.

"경들은 들으시오! 지금의 작은 승리에 만족해 후연과 백제를 무너뜨리지 못한다면 진정한 태평성대(어진 임금이 잘 다스려 태평한 세상)는 결코 오지 않을 것이오!"

광개토 대왕의 목소리가 궁 안을 쩌렁쩌렁 울렸어요.

고구려는 처음 나라가 세워졌을 때부터 중국의 여러 나라들, 북쪽 지방의 유목민들과 힘겹게 싸우면서 나라의 힘을 키워 왔어요. 주변 나라들을 꺾고 땅을 넓히기도 했지만, 때로는 이웃 나라들의 공격을 받아 위기를 맞기도 했지요. 특히 광개토 대왕의 할아버지인 고국원왕 때에는 북쪽의 선비족이 세운 나라인 전연과 남쪽의 백제에 잇따라 패하면서 큰 어려움을 겪었어요.

342년 전연의 왕 모용황이 군대를 이끌고 고구려에 쳐들어왔어요. 고국원왕은 나라를 지키기 위해 온 힘을 다했지만, 수도인 환도성을 빼앗기고 수많은 군사를 잃었어요. 모용황은 고국원왕의 어머니를 사로잡고, 아버지인 미천왕의 무덤까지 마구 파헤쳤지요.

고국원왕은 당장이라도 군대를 모아 전연을 치고 싶었어요. 하지만 어머니가 붙잡혀 있어 그럴 수가 없었지요.

대신 고국원왕은 백제를 공격해 남쪽으로 땅을 넓히려고 했어요. 그런데 그때 백제는 근초고왕이라는 뛰어난 왕이 다스리고 있었어요. 고국원왕은 두 차례에 걸쳐 백제를 공격했지만 모두 지고 말았지요. 게다가 371년에는 오히려 백제군의 공격을 받게 되었어요. 백제 근초고왕이 어마어마한 대군을 이끌고 고구려의 평양성으로 쳐들어온 거예요. 이 전투에서 고국원왕은 백제군의 화살에 맞아 숨을 거두었어요.

광개토 대왕은 어릴 때부터 고국원왕의 이야기를 한시도 잊은 적이 없었어요.

"내가 왕이 되면 그 누구도 고구려를 넘보지 못하게 하리라!"

391년 열여덟 살의 어린 나이로 왕위에 오른 광개토 대왕은 고구려를 더 크고 강한 나라로 만들겠다고 다짐했어요.

그 결심대로 광개토 대왕은 왕이 된 지 얼마 되지 않아 고구려가 수십 년 동안 한 번도 이기지 못했던 백제에 값진 승리를 거두었어요.

"고구려가 강해지지 않는다면 고국원왕 때와 같은 슬픔을 다시 겪게 될 것이오. 짐은 힘을 키워 전연의 뒤를 이은 선비족의 나라 후연을 무찌르고 북쪽으로 나아갈 것이오. 그러기 위해서는 먼저 백제부터 무너뜨려야 하오!"

광개토 대왕이 단호하게 말했어요.

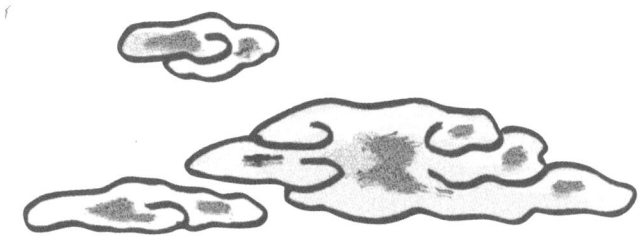

광개토 대왕은 백제 공격을 치밀하게 준비해 나갔어요. 훈련장에서는 군사들의 훈련이 밤낮없이 계속되었고, 대장간에서는 강철 검과 날카로운 창이 쉴 새 없이 만들어졌어요. 대신들도 한데 모여 지혜를 모았어요.

"폐하, 백제를 무너뜨리기 위해서는 먼저 관미성을 쳐야 하옵니다!"

대신들과 장수들은 하나같이 관미성 공격을 주장했어요. 관미성은 서해 바다의 길목에 자리 잡고 있어서 백제의 수도인 한성(오늘날의 서울)을 치기 위해 반드시 무너뜨려야 하는 성이었어요.

광개토 대왕은 두 주먹을 굳게 움켜쥐고 말했어요.

"관미성은 높은 절벽과 바다로 둘러싸여 있어 전쟁을 치르면 우리 쪽도 피해가 클 것이오. 하지만 그 어떤 어려움이 있더라도 관미성은 반드시 무너뜨려야 하오!"

392년 광개토 대왕은 사만 명의 고구려군을 이끌고 관미성으로 향했어요.

백제와 맞닿은 국경에 다다르자 광개토 대왕은 군대를 일곱으로 나누어 관미성을 포위했어요. 그러고는 바다와 육지, 양쪽에서 동시에 공격을 펼쳤어요.

"공격하라! 결코 물러서지 마라!"

공격을 알리는 북소리와 함께 고구려 군사들의 함성이 천지를 뒤흔들었어요.

하지만 관미성을 지키는 백제군은 만만치 않았어요. 고구려군은 밤낮으로 공격을 계속했지만, 십여 일이 지나도록 아무런 성과도 얻지 못했어요. 높은 성 위에서 비처럼 쏟아지는 백제군의 화살에 고구려의 군사들만 하나둘 쓰러졌지요.

광개토 대왕은 군사들을 격려하며 공격에 더욱 박차를 가했어요.

"이만한 어려움을 이기지 못하고 물러난다면 고구려의 앞날을 어찌 장담하겠는가! 죽기를 각오하지 않는다면 전쟁에서 결코 이길 수 없노라!"

백제군은 시간이 지날수록 고구려군이 점점 두려워졌어요. 아무리 화살을 쏟아붓고 바위를 굴려도 고구려 군사들은 아랑곳하지 않고 관미성을 향해 달려들었지요.
　　"고구려군은 죽음이 두렵지 않단 말인가! 아직 어린 왕을 저토록 믿고 따르다니 믿을 수가 없구나!"

광개토 대왕은 백제군의 사기가 떨어진 틈을 놓치지 않았어요.
"불화살을 퍼부어라! 날랜 병사들은 성벽을 올라라!"
도무지 무너질 것 같지 않던 관미성이 흔들리기 시작했어요.

격하라!

고구려군의 거침없는 공격에 마침내 관미성의 성문이 열렸어요. 쇠로 지은 갑옷을 입고 말을 탄 철갑 기병이 큰 칼을 휘두르며 백제군을 휩쓸었어요.

"폐하, 고구려가 관미성을 무너뜨렸나이다!"

고구려 장수들이 승리의 기쁨을 감추지 못하고 소리쳤어요. 고구려군의 함성이 관미성의 하늘로 우렁차게 퍼져 나갔어요.

하지만 광개토 대왕은 승리에 들뜨는 대신 차분히 백제의 움직임을 살폈어요.

"아직은 기뻐할 때가 아니오. 관미성을 빼앗긴 백제가 가만있지 않을 것이니, 백제와의 싸움은 이제부터 시작이오!"

고구려에 관미성을 빼앗긴 백제는 민심이 걷잡을 수 없이 흉흉해졌어요.

나라 분위기가 어수선한 틈을 타서 백제 진사왕의 조카 아신이 왕을 없애고 스스로 왕위에 올랐어요.

아신왕은 관미성부터 되찾아야 한다고 생각했어요. 고구려에 관미성을 빼앗긴 이상, 수도인 한성도 어떻게 될지 알 수 없었어요.

"풋내기 고구려 왕에게 관미성을 빼앗기다니! 어서 관미성을 되찾아 패배의 치욕을 씻고 백제를 지키리라!"

아신왕은 일만 오천여 명의 군사를 관미성으로 보내 고구려군을 공격했어요.

백제가 대군을 일으켰다는 소식은 곧 고구려로 날아들었어요. 하지만 이미 백제군의 공격을 짐작하고 있었던 광개토 대왕은 침착했어요.
 "백제군을 막는 데는 군사 오천 명만 있으면 충분하오. 성문을 굳게 닫아걸고 적의 뒤를 공격하시오!"

광개토 대왕의 작전은 그대로 맞아떨어졌어요. 백제 군은 관미성을 포위하고도 성벽 근처에도 닿지 못했어요. 도리어 고구려군의 예상치 못한 공격에 많은 군사를 잃고 군대를 뒤로 물려야 했지요.
　아신왕은 화가 머리끝까지 치밀었어요. 연이어 고구려의 수곡성을 공격했지만 이번에도 광개토 대왕의 작전에 휘말려 팔천 명이 넘는 백제 군사가 허무하게 목숨을 잃었거든요.
　"고구려 왕을 단 한 차례도 이기지 못한다는 게 말이 되느냐! 내가 직접 군대를 이끌고 나가겠노라!"
　아신왕은 매서운 겨울을 코앞에 두고 다시 군대를 일으켰어요.

아신왕이 직접 군대를 끌고 고구려 땅인 청목령(지금의 개성 근처)으로 오고 있다는 소식에 고구려는 크게 술렁였어요.

"백제 왕이 제 발로 호랑이 굴에 들어왔으니, 이번 기회에 사로잡아 크게 벌하소서!"

대신들은 당장이라도 청목령으로 달려갈 기세였어요. 하지만 뛰어난 전략가였던 광개토 대왕은 앞일을 훤히 꿰뚫고 있었어요.

"곧 강추위가 몰아닥칠 것이오. 눈보라 속에서 싸움을 벌인다면 우리 군사들의 피해 또한 클 테니, 시간을 끄는 것이 좋겠소."

오래지 않아 큰 눈이 쏟아지며 매서운 추위가 닥쳤어요. 눈과 추위를 이기지 못한 아신왕과 백제군은 아무것도 해 보지 못하고 말을 돌려야 했어요.

"아! 하늘마저 백제를 버리는구나!"

아신왕은 눈물을 흘리며 한탄했어요. 더는 고구려를 칠 힘이 없었어요. 전쟁을 여러 번 치르느라 나라 살림은 이미 바닥을 드러낸 지 오래였고, 백성들의 마음 역시 아신왕을 멀리 떠났지요.

하지만 아신왕은 더 큰 위기를 미처 깨닫지 못했어요. 광개토 대왕이 백제를 치기 위해 군사를 일으킨 거예요.

"드디어 때가 무르익었도다! 이제 고구려는 백제를 물리쳐 더 넓은 대륙으로 나아가리라!"

광개토 대왕의 지휘 아래 고구려군은 오색 깃발을 휘날리며 백제로 향했어요.

거대한 파도처럼 밀려오는 광개토 대왕과 고구려군 앞에 백제군은 속절없이 무너졌어요.

고구려군은 육지와 강에서 연달아 승리를 거두며 수많은 백제의 성과 마을을 빼앗았어요.

"폐하, 고구려군이 한성으로 밀어닥치고 있나이다!"

아신왕은 백제의 패배를 믿고 싶지 않았어요. 하지만 사방에서 고구려군의 함성 소리가 귀를 찢을 듯 들려왔어요.

아신왕은 뜨거운 눈물을 삼키며 광개토 대왕 앞에 무릎을 꿇었어요.

광개토 대왕이 아신왕을 일으켜 세우며 말했어요.

"비록 내 할아버지의 목숨을 앗아간 적국의 왕이나 백성을 살리기 위해 항복을 결심했으니 참으로 훌륭하오. 이제 고구려는 더는 백제를 공격하지 않을 것이오."

고구려가 백제를 완전히 꺾었다는 소식은 금세 널리 퍼져 나갔어요. 바야흐로 광개토 대왕의 시대가 활짝 열리고 있었어요.

"오랜 근심거리였던 백제를 무찔렀으니 이제는 후연과의 싸움을 준비해야 할 것이오!"

후연은 고구려가 너른 북쪽 대륙으로 나아가기 위해 반드시 꺾어야 할 나라였어요. 후연 또한 동북아시아의 새로운 강자로 떠오른 고구려를 호시탐탐 노리고 있었지요.

광개토 대왕은 백제와의 전쟁으로 지친 군사들과 백성들을 다독이며 앞날을 차근차근 준비했어요.

그러던 어느 날, 신라에서 사신을 보내왔어요.
"폐하, 바다 건너의 왜(일본을 가리키는 말)가 신라에 쳐들어와 백성들을 마구 죽이고 있나이다. 부디 군대를 보내 신라를 구해 주소서!"
광개토 대왕은 선뜻 결정을 내리지 못했어요. 후연이 고구려를 노리고 있는 데다, 백제의 움직임도 심상치 않았거든요.

고민 끝에 광개토 대왕은 날랜 군사 오만여 명을 신라로 보내 왜군을 무찌르게 했어요.

그런데 사실 이 일은 백제 아신왕이 꾸민 것이었어요. 백제의 힘만으로 광개토 대왕을 이길 수 없자, 왜를 끌어들인 것이었지요.

"왜가 신라를 공격하면 고구려 왕은 틀림없이 신라에 군대를 보낼 것이오. 그때 고구려를 치면 고구려 왕도 손을 쓰지 못할 것이오!"

하지만 아신왕은 광개토 대왕과 고구려의 힘을 제대로 알지 못했어요.

고구려군은 거침없이 왜군을 몰아붙였어요. 왜군이 가야 쪽으로 도망치자, 가야까지 쳐들어가 손에 넣었지요.

아신왕은 눈앞이 캄캄했어요. 왜군이 삽시간에 무너지는 바람에 군사를 일으켜 볼 시간조차 없었거든요.

단숨에 왜군을 물리치긴 했지만 고구려의 피해도 만만치 않았어요. 신라를 돕는 사이, 후연의 공격을 받아 서쪽 국경의 신성과 남소성을 빼앗긴 거예요.

"당장 후연에 빼앗긴 성을 되찾아야 하나이다."

"은혜도 모르고 왜를 끌어들인 백제부터 벌하소서!"

대신들은 후연 공격과 백제 공격을 놓고 팽팽히 맞섰어요.

광개토 대왕은 곰곰 생각한 후에 후연을 치기로 결심했어요. 고구려군이 왜군에 큰 승리를 거둔 일로 완전히 기세가 꺾인 백제가 함부로 움직일 리 없다고 생각했기 때문이지요.

"왜를 끌어들여 고구려에 칼날을 겨눈 일은 괘씸하나, 이제 백제는 고구려의 적수가 아니오. 후연을 쳐서 고구려의 힘을 보여 준다면 백제도 더는 고구려를 넘보지 못할 것이오!"

고구려가 더욱 강력한 나라로 거듭나기 위해서는 중국 대륙에 있는 후연과의 싸움을 피할 수 없었어요.
 광개토 대왕은 후연 정벌을 대신들에게 알렸어요.
 "드디어 후연을 칠 때가 되었소! 짐은 후연의 수도에서 가까운 숙군성을 공격하여 고구려의 힘을 보여 줄 것이오!"

광개토 대왕은 고구려의 대군을 이끌고 끝없이 펼쳐진 만주 벌판으로 나아갔어요. 만주 벌판을 가로지르는 고구려군의 기세는 하늘을 찌를 듯했어요.

후연의 숙군성 성주(성의 우두머리)는 자신의 눈을 믿을 수가 없었어요.

벌판을 가득 메운 고구려군이 흙먼지를 일으키며 숙군성으로 다가오고 있었어요. 고구려군이 움직일 때마다 발 구르는 소리로 천지가 떠나갈 듯 쿵쿵 울렸어요.

"대체 조정에서는 무얼 하고 있는 것이냐? 고구려군이 성을 포위했는데 지원군조차 보내지 않다니!"

당황한 성주가 장수들을 다그쳤어요.

"고구려군이 수도를 공격할지 모른다 하여, 여러 길목을 지키느라 정신이 없다고 하옵니다!"

"무어라! 그러면 저 많은 군대를 우리 힘만으로 막으라는 것이냐!"

숙군성은 크게 술렁였어요. 고구려군을 막기에 숙군성의 병사들은 터무니없이 부족했어요.

광개토 대왕은 후연을 치기 위해 오랫동안 나라의 힘을 한데 모아 왔어요. 반면에 후연은 고구려의 신성과 남소성을 빼앗았다는 자만심에 빠져 국경을 지키는 데 소홀했지요.

"용감한 고구려의 군사들이여, 숙군성을 단숨에 무너뜨려 고구려의 이름을 온 천하에 떨치자!"
 광개토 대왕의 말이 떨어지기 무섭게 고구려군이 거대한 폭풍이 되어 숙군성을 향해 휘몰아쳤어요. 밀려오는 고구려의 대군 앞에서 숙군성은 모래알처럼 무너져 내렸어요.

"후연이 이런 수모를 당하다니! 고구려의 요동성을 쑥대밭으로 만들어 본때를 보여 주리라!"

후연 왕은 대군을 이끌고 요동성으로 향했어요.

고구려군은 성문을 굳게 닫아건 채 꿈쩍도 하지 않았어요. 그러는 사이 만주 벌판에서 차가운 겨울바람이 불어와 후연의 군사들을 덮쳤어요. 광개토 대왕은 이때를 놓치지 않고 공격을 명령했어요.

"후연의 군사들이 추위와 굶주림으로 쓰러지고 있다. 모두들 성문을 열고 나가 후연군을 쳐부수도록 하라!"

후연 왕은 부랴부랴 군대를 돌렸어요. 후연의 수십만 대군 중에 살아서 요동성을 빠져나간 것은 겨우 수천 명에 불과했어요. 고구려와의 싸움에서 크게 패한 후연은 곧 반란이 일어나 망하고 말았어요.

마지막으로 광개토 대왕은 고구려의 동북쪽에 있는 동부여로 눈길을 돌렸어요.
　"이제 동북 지역에 마지막으로 남은 나라는 동부여뿐이오. 짐이 직접 군대를 이끌고 가서 동부여의 항복을 받아 오겠소."
　대신들은 깜짝 놀라 광개토 대왕을 말렸어요.
　"폐하, 동부여는 이름뿐인 작은 나라이니 직접 나서지 않으셔도 쉽게 물리칠 수 있을 것이옵니다."

"짐이 직접 군대를 이끌고 가면 동부여와의 괜한 싸움을 피할 수 있을 것이오. 군사들의 목숨을 잃지 않고 동부여의 항복을 받아 낸다면 더 좋지 않겠소?"

광개토 대왕은 자신의 안전보다 군사들의 피를 흘리지 않고 동부여를 손에 넣을 수 있는 방법을 택했어요.

광개토 대왕이 군대를 직접 이끌고 나서자 놀란 동부여의 왕은 스스로 성문을 열고 나와 항복했어요.

오랜 전쟁이 끝난 고구려는 마침내 태평성대를 맞았어요. 고구려는 요동 지방을 포함한 만주 땅 대부분을 다스리는 크고 강한 나라가 되었지요.

하지만 광개토 대왕은 그저 땅만 넓힌 왕이 아니었어요. 광개토 대왕은 전쟁으로 얻은 땅에서 백성들이 마음 놓고 농사를 짓게 했어요. 바다를 통해 다른 나라와 무역도 활발히 벌였지요. 고구려 백성들은 광개토 대왕을 위대한 왕으로 우러렀어요.

평화로운 나날이 이어지던 412년, 대신들이 모인 가운데 광개토 대왕이 태자의 손을 꼭 쥐고 말했어요.

"짐은 평생을 전쟁터에서 보내느라 백성들을 잘 보살피지 못했다. 부디 태자는 백성들의 아픔을 먼저 생각하고 고통을 덜어 주는 왕이 되도록 하라."

마지막 유언을 남긴 광개토 대왕은 조용히 눈을 감았어요. 광개토 대왕의 나이 서른아홉 살 때였어요.

광개토 대왕의 뒤를 이어 왕위에 오른 장수왕은 광개토 대왕릉비를 세워, 동북아시아를 당당히 호령했던 광개토 대왕의 위대한 업적을 기렸어요.

♣ 사진으로 보는 광개토 대왕 이야기 ♣

광개토 대왕 때 고구려 땅은 얼마나 넓었을까?

고구려는 우리 역사상 가장 넓은 영토를 다스린 나라예요. 기원전 37년에 주몽이 고구려를 세웠을 때만 해도 고구려는 조그마한 나라에 불과했어요. 하지만 주변 지역을 정복하며 영토를 넓혀, 나중에는 주위 어떤 나라도 감히 넘보지 못할 만큼 크고 강한 나라로 성장했지요.

고구려의 영토가 가장 넓었던 5세기 지도예요.

중국 만주 지린성 지안시에 있는 고구려 무덤 무용총의 벽화예요. 고구려 사람들은 사냥을 많이 해서 화살을 잘 다루었어요.

고구려 제3대 왕인 대무신왕은 동부여, 개마국을 고구려에 합치고 낙랑군을 공격하는 등 고구려가 뻗어 나가는 데 큰 공헌을 했어요.

제6대 왕인 태조왕은 두만강 유역의 갈사국을 비롯해 고구려 동쪽 지역의 여러 작은 나라를 정복했어요. 특히 농산물과 해산물이 풍부한 동옥저를 손에 넣어 고구려의 경제를 튼튼하게 했지요.

제15대 왕인 미천왕도 활발한 정복 전쟁을 벌였어요. 미천왕은 현도군을 공격하고 낙랑군을 정복해서 한반도에서 중국 세력을 몰아내고 고조선의 옛 땅을 되찾았어요.

제19대 왕인 광개토 대왕은 영토를 남북으로 크게 넓히며 고구려의 전성시대를 이룩했어요. 광개토 대왕은 391년 왕위에 오르자마자 거란을 정벌하여 포로로 잡혀가 있던 고구려인들을 데려왔어요. 396년에는 백제의 여러 성과 마을을 빼앗고, 백제 아신왕의 항복을 받았지요.

400년, 신라가 왜의 공격을 받자 광개토 대왕은 군사를 보내 백제와 왜 연합군을 무찌르고 금관가야까지 손에 넣었어요. 402년에는 후연에 빼앗긴 고구려의 땅을 되찾고, 410년에는 동부여를 정벌했어요.

5세기 광개토 대왕과 장수왕이 다스리던 때의 고구려는 서쪽으로는 요동 반도, 북쪽으로는 시베리아 지방과 북만주 일대, 남쪽으로는 한강 이남을 아우르는 넓은 영토를 다스리며 동북아시아를 호령했어요.

동북아시아 최고의 군대, 고구려군

광개토 대왕 때 고구려군은 동북아시아에서 상대할 자가 없었어요. 그전부터 고구려는 백성들에게 활쏘기와 말타기를 권하고 사냥 대회를 여는 등 꾸준히 군사력을 키워 왔어요.

또한 고구려는 철 다루는 기술이 발달해 백제나 신라에 비해 질이 좋고 단단한 철제 무기를 많이 만들어 냈어요. 고구려군의 날카로운 화살촉과 창, 칼, 도끼 등은 전쟁터에서 큰 힘을 발휘했어

통거우 12호분 무덤 벽화에 그려져 있는, 성을 향해 돌진하는 고구려 기마병이에요.

요. 그중에서도 '맥궁'이라 불린 고구려 활은 크기는 작았지만 철판을 뚫을 정도로 성능이 뛰어났지요.

광개토 대왕은 군사를 보병, 기병, 수군으로 나누고 철갑 기병 부대도 만들었어요. 특히 병사는 물론 말에게도 발목까지 내려오는 철갑을 입힌 고구려의 철갑 기병 부대는 상대편 군사들에게 두려움의 대상이었지요.

광개토 대왕릉비

광개토 대왕이 죽은 지 이 년 뒤인 414년, 장수왕은 광개토 대왕의 업적을 새긴 광개토 대왕릉비를 세웠어요. 당시 고구려의 수도였던 국내성 동쪽에 광개토 대왕의 능과 함께 세워졌지요.

광개토 대왕릉비는 높이만 6미터가 넘어 우리나라에서 가장 큰 비석이에요. 네 면에는 광개토 대왕이 하늘의 자손임을 밝히고, 어떻게 영토를 넓혀 갔는지를 알려 주는 내용들이 쓰여 있어요. 또 광개토 대왕의 능을 만들고 유지할 방법에 대해서도 상세히 적혀 있지요.

무엇보다 광개토 대왕릉비에 쓰인 글을 보면 광개토 대왕 당시 고

중국 지린성 지안시에 있는 광개토 대왕릉비예요. 네 면에 걸쳐 광개토 대왕의 업적이 새겨져 있어요.

구려의 영토가 얼마나 넓었는지를 잘 알 수 있어요. 광개토 대왕의 원래 이름은 '영락왕'이었는데 업적을 기리기 위해 '영토를 크게 넓힌 왕'이라는 뜻의 '광개토 대왕'으로 불렀다는 것도 광개토 대왕릉비에 쓰여 있는 내용이지요.

또한 광개토 대왕릉비는 광개토 대왕이 단지 땅만 넓힌 왕이 아니라는 사실도 밝히고 있어요. 광개토 대왕릉비에는 "왕의 은택이 하늘까지 미쳤고, 위엄은 온 세상에 떨쳤다. 나쁜 무리를 쓸어 없애자 백성이 모두 생업에 힘쓰고 편안히 살게 되었다. 나라는 부강하고 풍족해졌으며, 온갖 곡식이 가득 익었다."라고 쓰여 있어요. 이는 광개토 대왕이 법과 교육, 종교 등 모든 면에서 고구려를 잘 사는 나라로 만들기 위해 노력한 왕이었음을 알려 주는 내용이에요.

고구려의 최고 전성기를 이룬 장수왕

광개토 대왕의 맏아들인 장수왕은 광개토 대왕 못지않은 업적을 세워 고구려의 태평성대를 이루었어요. 광개토 대왕에서 장수왕에 이르는 백여 년 동안은 고구려의 최고 전성기

장수왕의 능으로 알려져 있는 장군총이에요. 이 능이 있는 산 아래에 광개토 대왕릉비가 있어 몇몇 학자들은 광개토 대왕의 능이라고 생각하기도 하지요.

였지요.

39세에 죽은 광개토 대왕과 달리 장수왕은 98세까지 살았어요. 왕위에도 413년부터 491년까지 칠십구 년간이나 있었지요.

장수왕은 광개토 대왕이 크게 넓혀 놓은 고구려를 동북아시아의 강대국으로 만들었어요. 장수왕의 업적 가운데 가장 널리 알려진 것은 수도를 국내성에서 평양성으로 옮긴 거예요. 평양성은 대동강과 서해를 이용할 수 있고 주변에 넓은 평야 지대가 있는 데다, 기후도 따뜻해서 광개토 대왕이 남긴 넓은 땅과 늘어난 백성을 다스리는 데 적합했어요.

평양성으로 수도를 옮기면서 장수왕은 자신을 반대하는 귀족들을 누르고 더욱 힘을 키웠어요. 그리고 그 힘을 바탕으로 백제의 수도인 한성을 공격해 차지하는 등 한반도 남쪽까지 고구려의 세력을 크게 떨쳤지요. 장수왕 때 세워진 중원 고구려비는 고구려가 지금의 충청북도 충주까지 세력을 넓혔다는 사실을 보여 줘요.

또 장수왕은 중국 대륙의 여러 나라들과 외교 관계를 맺어 고구려를 함부로 넘볼 수 없게 했어요. 중국 대륙에서 북위, 유연, 송나라 등이 전쟁으로 티격태격하는 사이 고구려는 문화와 경제가

충청북도 충주시에 있는 국보 제205호 중원 고구려비예요. 중원 고구려비에는 고구려가 천하의 중심이라는 자부심이 담겨 있어요.

크게 발달했지요. 새롭게 얻은 너른 땅에서는 농산물의 생산이 늘고, 바다를 통한 무역도 활발히 이루어졌어요.

특히 장수왕이 다스리던 시기에 고구려는 화려한 고분 벽화 문화가 활짝 꽃피었어요. 무용총, 각저총을 비롯해 많은 무덤 벽화들이 이때 만들어졌지요.

고구려는 천하의 중심

광개토 대왕이 다스리던 때 고구려는 넓은 영토와 강력한 국력을 바탕으로 스스로를 천하의 중심이라 생각했어요. 고구려 사람들은 광개토 대왕을 황제라는 뜻의 '태왕'이라고 불렀어요. 광개토 대왕도 '영락'이라는 연호를 사용하여 고구려의 힘을 과시했지요.

이러한 자부심 속에 고구려는 백제와 신라를 신하의 나라로 봤어요. 그래서 400년 신라가 왜의 침입을 받았을 때 광개토 대왕은 신라에 오만여 명의 군대를 보내 도와주었어요. 이후 신라는 신하의 나라가 되어 고구려에 조공을 바치게 되었어요. 고구려는 신라의 수도 경주에 백 명 이상의 군대를 두고 신라의 왕위 계승 문제까지 간섭했지요. 또 광개토 대왕에게 항복한 백제의 아신왕은 남녀 노비 천여 명과 베 천여 필을 바치며 고구려의 신하 나라가 되겠다고 맹세하기도 했어요.

하지만 광개토 대왕은 백제나 신라를 굳이 멸망시키려고 하지는 않았어요. 고구려가 백제, 신라보다 훨씬 뛰어나다는 우월 의식을 갖고 있었던 데다 말과 생활 풍습이 비슷했던 백제, 신라, 동부

1946년 경주 호우총에서 발굴된 청동 그릇이에요. 오른쪽은 이 청동 그릇의 바닥이고요. 바닥에 새긴 글자를 통해 광개토 대왕의 제사에 참석한 신라의 사신이 고구려에서 이 그릇을 받아 왔다고 추측할 수 있어요.

여 등은 형제의 나라나 신하의 나라라고 생각했기 때문이지요. 반면 왜, 거란, 중국의 후연 등은 고구려를 중심으로 한 세계에 포함되지 않는다고 봤기 때문에 반드시 무너뜨려야 한다고 생각했어요. 이러한 태도에서도 동북아시아를 호령한 고구려의 기상을 느낄 수 있어요.

함께 보면 쏙쏙 이해되는 역사

◆ 374년
세상에 태어남.

◆ 386년
태자가 됨.

370   **380**

371년
백제 근초고왕이 고구려의
평양성을 공격함.

384년
백제 침류왕이 불교를
받아들임.

372년
고구려 소수림왕이 교육 기관인
태학을 세우고, 불교를 받아들임.

◆ 400년
신라에 군대를 보내 왜를 물리침.

◆ 402년
후연의 숙군성을 공격해 승리함.

◆ 405년
요동성에서 후연을
물리침.

400   **405**

◆ 광개토 대왕의 생애
● 4, 5세기 삼국의 역사

391년
왕위에 오름.

392년
백제 관미성을 함락시킴.

394년
수곡성에서 백제에 승리함.

396년
백제를 공격해 아신왕의 항복을 받음.

390　　　　　　　395

410년
동부여를 정벌함.

412년
세상을 떠남.

410　　　　　　　420~

413년
고구려 장수왕이 왕위에 오름.

414년
장수왕이 광개토 대왕릉비를 세움.

427년
장수왕이 수도를 평양으로 옮김.

433년
신라와 백제가 동맹을 맺음.

449년경
장수왕이 중원 고구려비를 세움.

추천사

「새싹 인물전」을 펴내면서

　요즈음 아이들에게 '훌륭한 사람'이 누구냐고 물으면 '돈 많이 버는 사람'이라고 대답한다고 합니다. 초등학생의 태반은 가수나 배우가 되고 싶어 하고요. 돈 많이 버는 사람이나 연예인이라는 직업이 나쁘다는 것이 아니라, 아이들이 각자가 갖고 있는 재능과는 상관없이 모두 똑같은 꿈을 갖는 것 같아 걱정입니다. 또 한편으로는 아이들이 진정 마음으로 닮고 싶은 사람에 대한 정보가 부족한 것은 아닌가 하는 생각도 듭니다.
　어릴수록 위인 이야기의 힘은 큽니다. 아직 어리고 조그마한 아이들은 자신이 보잘것없다고 생각하고 위인들의 성공에 감탄합니다. 하지만 그네들에게는 끝없이 열린 미래가 있습니다. 신화처럼 빛나는 위인들의 모습은 아이들에게 훌륭한 역할 모델이 되고, 그런 삶을 살기 위해 무엇을 어떻게 해야 할지를 알려 주는 밝은 등대가 됩니다.
　그렇다면 우리가 어른으로서 아이들에게 권해야 할 위인전은 무엇일까요? 보통 우리가 생각하는 '위인'은 훌륭한 업적을 남긴 위대한 사람, 멋지고 능력 있는 사람입니다. 하지만 시대가 변했으니 아이들이 역할 모델로 삼을 수 있는 위인의 정의나 기준도 변해야 할 것입니다.

그런 의미에서 비룡소의 「새싹 인물전」은 종래의 위인전과는 다른 점이 많습니다. 시리즈 이름이 '위인전'이 아닌 '인물전'이라는 데 주목하기 바랍니다. 「새싹 인물전」은 하늘에서 빛나는 위인을 옆자리 짝꿍의 위치로 내려놓습니다. 만화 같은 친근한 일러스트는 자칫 생소할 수 있는 옛사람들의 이야기를 일상에서 만날 수 있는 재미있는 사건처럼 보여 줍니다.

또 하나, 「새싹 인물전」에는 위인전에 단골로 등장하는 태몽이나 어린 시절의 비범한 에피소드, 위인 예정설 같은 과장이 없습니다. 사실 이런 이야기들은 현대를 사는 아이들에게는 황당하고 이해하기 힘든 일일 뿐입니다. 그보다는 천 리 길도 한 걸음부터, 큰 성공도 자잘한 일상의 인내와 성실함이 없었다면 이루어질 수 없었다는 것을 알려 주는 것이 중요합니다. 세상 사람들의 우러름을 받는 이들도 여느 아이들과 같은 시절을 겪었음을 보여 줌으로써, 아이들에게 괜한 열등감을 주지 않고 그네들의 모습을 마음속에 담을 수 있도록 해 주는 것입니다.

 덧붙여 위인전이란 그 인물이 얼마나 훌륭한 업적을 남겼는가 보여 주는 것도 중요하지만, 얼마나 참된 인간다움을 보였는가를 알려 줄 필요도 있습니다. 여기서 '인간다움'이란 기본적인 선함과 이해심, 남을 위해 봉사할 수 있는 사랑과 배려, 그리고 한 가지 목표를 설정하고 앞으로 나아갈 수 있는 의지와 용기를 말합니다. 성취라는 결과보다는 성취하기 위한 과정을 보여 주고, 사회적인 성공보다는 한 인간으로서 얼마나 자기 자신에게 철저하고 진실했는지를 보여 주는 것이 중요하다는 것입니다.

 하지만 아무리 좋은 가르침도 사랑과 따뜻함이 없으면 억누름과 상처가 될 뿐이겠지요. 「새싹 인물전」은 나의 노력과 의지에 따라 얼마든지 의미 있는 삶을 살 수 있음을 알려 줍니다. 내가 알고 있는 삶 외에도 또 다른 삶이 존재할 수 있다는 것, 꿈을 키우고 이루어 가는 과정에서 배우고 경험하게 되는 것들의 가치, 그런 따뜻함을 담고 있는 위인전입니다. 부디 이 책이 삶의 첫발을 내딛는 아이들에게 좋은 길잡이가 되었으면 하는 바람입니다.

기획 위원

박이문(전 연세대 교수, 철학)
장영희(전 서강대 교수, 영문학)
안광복(중동고 철학 교사, 철학 박사)

● 사진 제공
　54쪽_ 이상규. 55, 56쪽_ 북한의 문화재와 유적. 57~59, 61쪽_ 연합 뉴스.

글쓴이 김종렬

경기도 파주에서 태어나 중앙 대학교 문예 창작학과를 졸업했다. 2002년 『날아라, 비둘기』로 황금도깨비상을 받았다. 지은 책으로 『길모퉁이 행운돼지』, 『내 동생은 못 말려』, 『난생신화 조작 사건』, 『해바라기 마을의 거대 바위』, 『우리의 소원은 독립이오』, 『최무선』, 『정조 대왕』 등이 있다.

그린이 탁영호

1960년 대전에서 태어났다. 단편 만화 「학마을 사람들 이야기」를 발표하면서 만화가로 데뷔한 뒤 《소년 챔프》, 《빅점프》 등에 여러 작품을 발표했다. 지은 책으로 『아라비안 나이트』, 『만화 미리미리 미래』, 『단편 만화를 위한 탁선생의 강의 노트』, 『꽃반지』, 『둥섭』, 그린 책으로 『짜장면』, 『루어낚시의 맛』 등이 있다.

새싹 인물전
043

광개토 대왕

1판 1쇄 펴냄 2011년 5월 31일   1판 13쇄 펴냄 2020년 5월 22일
2판 1쇄 펴냄 2021년 5월 28일   2판 4쇄 펴냄 2025년 10월 30일

글쓴이 김종렬   그린이 탁영호
펴낸이 박상희   편집장 전지선   편집 송재형   디자인 박연미, 이유림
펴낸곳 (주)비룡소 출판등록 1994.3.17. (제16-849호)
주소 06027 서울시 강남구 도산대로1길 62 강남출판문화센터 4층
전화 02)515-2000   팩스 02)515-2007   홈페이지 www.bir.co.kr
제품명 어린이용 각양장 도서   제조자명 (주)비룡소   제조국명 대한민국   사용연령 3세 이상

ⓒ 김종렬, 탁영호, 2011. Printed in Seoul, Korea

ISBN 978-89-491-2923-5 74990
ISBN 978-89-491-2880-1 (세트)

「새싹 인물전」 시리즈

- 001 **최무선** 김종렬 글 이경석 그림
- 002 **안네 프랑크** 해리엇 캐스터 글 헬레나 오웬 그림
- 003 **나운규** 남찬숙 글 유승하 그림
- 004 **마리 퀴리** 캐런 월리스 글 닉 워드 그림
- 005 **유일한** 임사라 글 김홍모·임소희 그림
- 006 **윈스턴 처칠** 해리엇 캐스터 글 린 윌리 그림
- 007 **김홍도** 유타루 글 김홍모 그림
- 008 **토머스 에디슨** 캐런 월리스 글 피터 켄트 그림
- 009 **강감찬** 한정기 글 이흥기 그림
- 010 **마하트마 간디** 에마 피시엘 글 리처드 모건 그림
- 011 **세종 대왕** 김선희 글 한지선 그림
- 012 **클레오파트라** 해리엇 캐스터 글 리처드 모건 그림
- 013 **김구** 김종렬 글 이경석 그림
- 014 **헨리 포드** 피터 켄트 글·그림
- 015 **장보고** 이옥수 글 원혜진 그림
- 016 **모차르트** 해리엇 캐스터 글 피터 켄트 그림
- 017 **선덕 여왕** 남찬숙 글 한지선 그림
- 018 **헬렌 켈러** 해리엇 캐스터 글 닉 워드 그림
- 019 **김정호** 김선희 글 서영아 그림
- 020 **로버트 스콧** 에마 피시엘 글 데이브 맥타가트 그림
- 021 **방정환** 유타루 글 이경석 그림
- 022 **나이팅게일** 에마 피시엘 글 피터 켄트 그림
- 023 **신사임당** 이옥수 글 변영미 그림
- 024 **안데르센** 에마 피시엘 글 닉 워드 그림
- 025 **김만덕** 공지희 글 장차현실 그림
- 026 **셰익스피어** 에마 피시엘 글 마틴 렘프리 그림
- 027 **안중근** 남찬숙 글 곽성화 그림
- 028 **카이사르** 에마 피시엘 글 레슬리 뷔시커 그림
- 029 **백남준** 공지희 글 김수박 그림
- 030 **파스퇴르** 캐런 월리스 글 레슬리 뷔시커 그림
- 031 **유관순** 유은실 글 곽성화 그림
- 032 **알렉산더 벨** 에마 피시엘 글 레슬리 뷔시커 그림
- 033 **윤봉길** 김선희 글 김홍모·임소희 그림
- 034 **루이 브라유** 테사 포터 글 헬레나 오웬 그림
- 035 **정약용** 김은미 글 홍선주 그림
- 036 **제임스 와트** 니컬라 백스터 글 마틴 렘프리 그림
- 037 **장영실** 유타루 글 이경석 그림
- 038 **마틴 루서 킹** 베르나 윌킨스 글 린 윌리 그림
- 039 **허준** 유타루 글 이흥기 그림
- 040 **라이트 형제** 김종렬 글 안희건 그림
- 041 **박에스더** 이은정 글 곽성화 그림
- 042 **주몽** 김종렬 글 김홍모 그림
- 043 **광개토 대왕** 김종렬 글 탁영호 그림
- 044 **박지원** 김종광 글 백보현 그림
- 045 **허난설헌** 김은미 글 유승하 그림
- 046 **링컨** 이명랑 글 오승민 그림
- 047 **정주영** 남경완 글 임소희 그림
- 048 **이호왕** 이영서 글 김홍모 그림
- 049 **어밀리아 에어하트** 조경숙 글 원혜진 그림
- 050 **최은희** 김혜연 글 한지선 그림
- 051 **주시경** 이은정 글 김혜리 그림
- 052 **이태영** 공지희 글 민은정 그림
- 053 **이순신** 김종렬 글 백보현 그림
- 054 **오드리 헵번** 이은정 글 정진희 그림
- 055 **제인 구달** 유은실 글 서영아 그림
- 056 **가브리엘 샤넬** 김선희 글 민은정 그림
- 057 **장 앙리 파브르** 유타루 글 하민석 그림
- 058 **정조 대왕** 김종렬 글 민은정 그림
- 059 **나폴레옹 보나파르트** 남찬숙 글 남궁선하 그림
- 060 **이종욱** 이은정 글 우지현 그림

061	**박완서** 유은실 글 이윤희 그림
062	**장기려** 유타루 글 정문주 그림
063	**김대건** 전현정 글 홍선주 그림
064	**권기옥** 강정연 글 오영은 그림
065	**왕가리 마타이** 남찬숙 글 윤정미 그림
066	**전형필** 김혜연 글 한지선 그림
067	**이중섭** 김유 글 김홍모 그림
068	**그레이스 호퍼** 박주혜 글 이해정 그림
069	**석주명** 최은옥 글 이경석 그림
070	**박자혜** 유은실 글 서영아 그림
071	**전태일** 김유 글 박건웅 그림
072	**스티븐 호킹** 성완 글 국민지 그림
073	**박두성** 최도영 글 하민석 그림

* 계속 출간됩니다.